ギンモクセイの枝先《えださき》に

半田信和《はんだしんかず》 詩集
吉野晃希男《よしのあきお》・絵

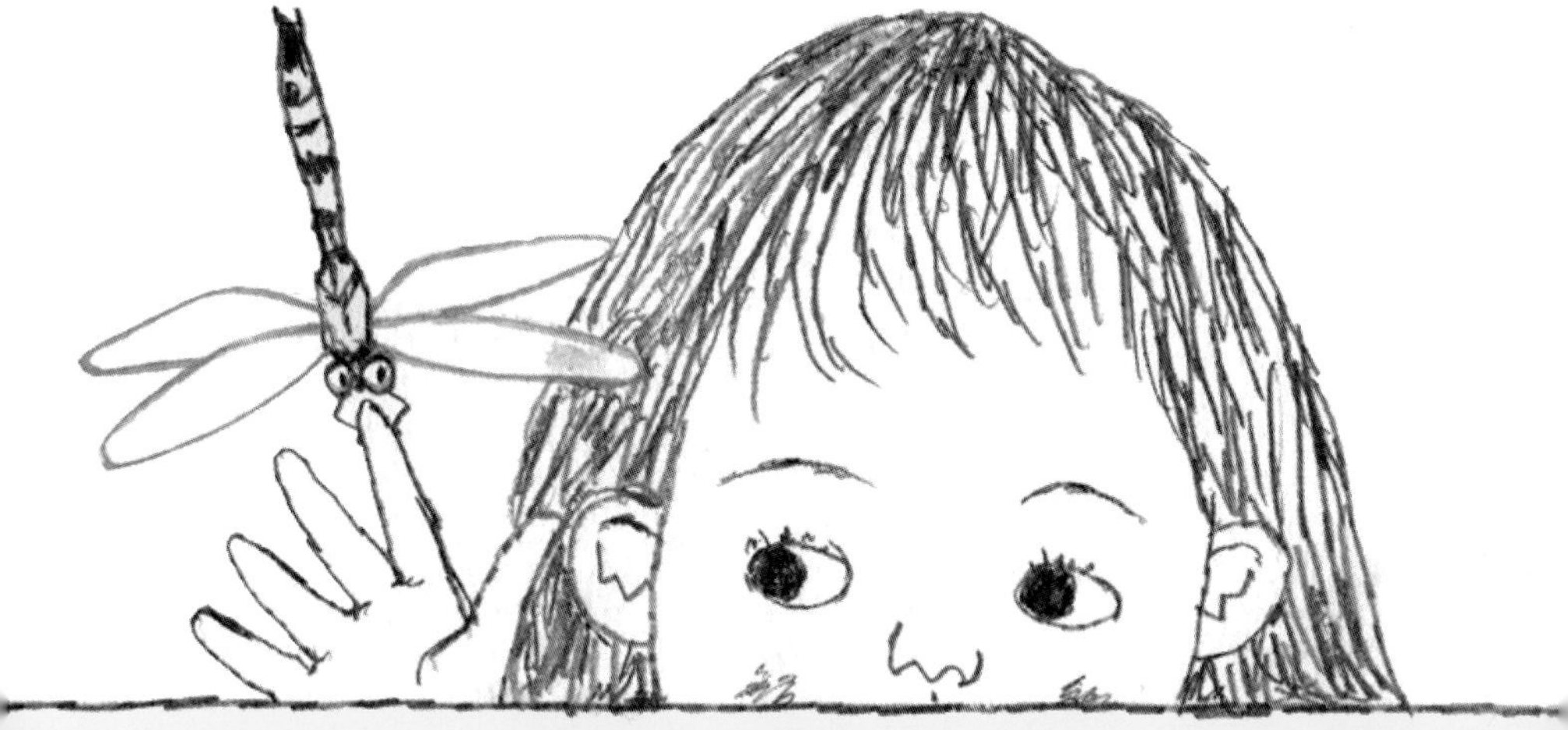

JUNIOR POEM SERIES

はじめに

ぼくのなかを
とおりすぎたことばが
いつかだれかの
こころをうるおす
水となるように

Ⅲ　葉《は》っぱも花も　53

I　ともだちの気配《けはい》

キリンらしく

キリンが
いたので
キリンを
かいていたら
ゆったりとした
あしのはこびで
キリンが
のぞきにきた
キリンらしく

かいてね
というようなかんじで
キリンの
くちがうごく
ていわれてもなあ
キリンにも
いろんなキリンが
いるだろうし

サイのことば

このサイ
いっておくが
だじゃれは
やめなサイ
きみは
きみのやりかたで
サイしょの
いちぎょうを
しるしなサイ

サイのことばは
それなりに
おもみがある
ちょっと
めんどくサイけど

カピバラターン

カピバラが
いきなり泳《およ》ぐ
とてもなめらかに泳ぐ

子どもたちの目が点になる
ついさっきまで
カピバラは草の上で
のほほんとしていたのに

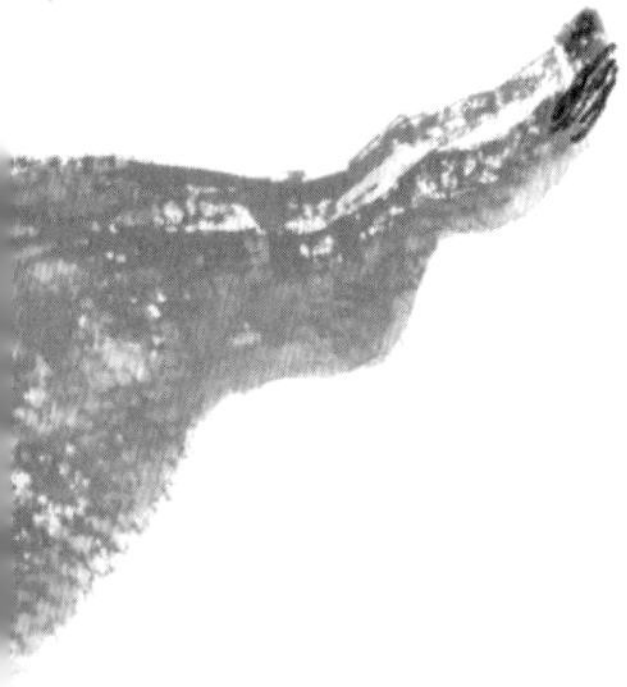

カピバラがすばやくターンすると
五月の水面《みなも》が
きらきらきら
きらきら
きら

子どもたちの顔がほころびる
何かが不意《ふい》に覆《くつがえ》されることの
おもしろさに

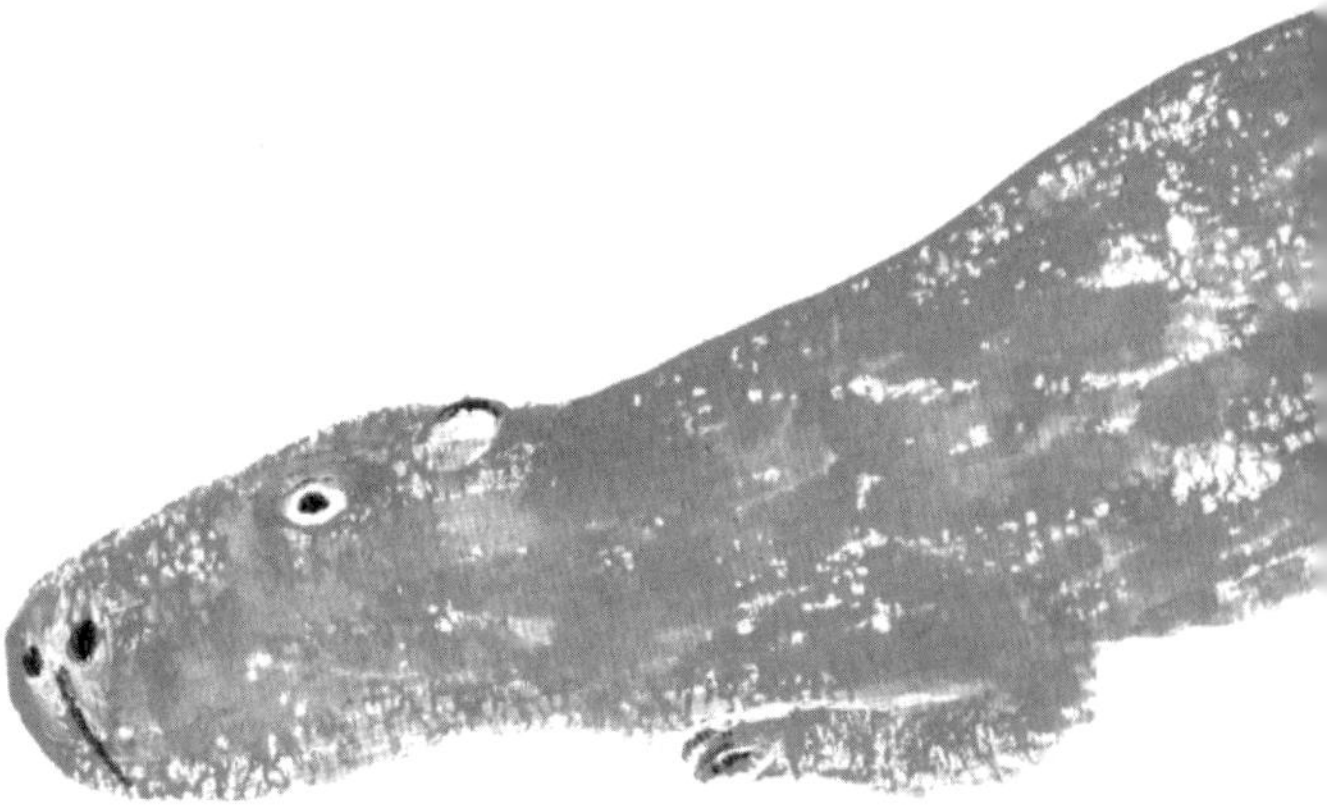

ヤギさん

ヤギがいると
あ、ヤギさんだ
と、「さん」をつけてしまうのは
八木《やぎ》さんという先輩《せんぱい》がいたから
ではなく
まどさんの友だちの
ヤギさんが
いまもまだ
おいしいお手紙を
書きつづけているからだ

シマリス

いる　とおもったら
いない　とおもったら
いる　とおもったら
いない　とめまぐるしいので
めが　しまになります

レッサーパンダ

のんきにいきてるようにみられるけれど
さびしいなみにゆられるときもある
そんなときはあえてゆるゆると
ながいしっぽをたらしてみるのだ

雷鳥《らいちょう》

見つけたよ
とは言わない
岩と草の間《あいだ》に薄茶《うすちゃ》色の
親子《おやこ》の気配《けはい》を感《かん》じても

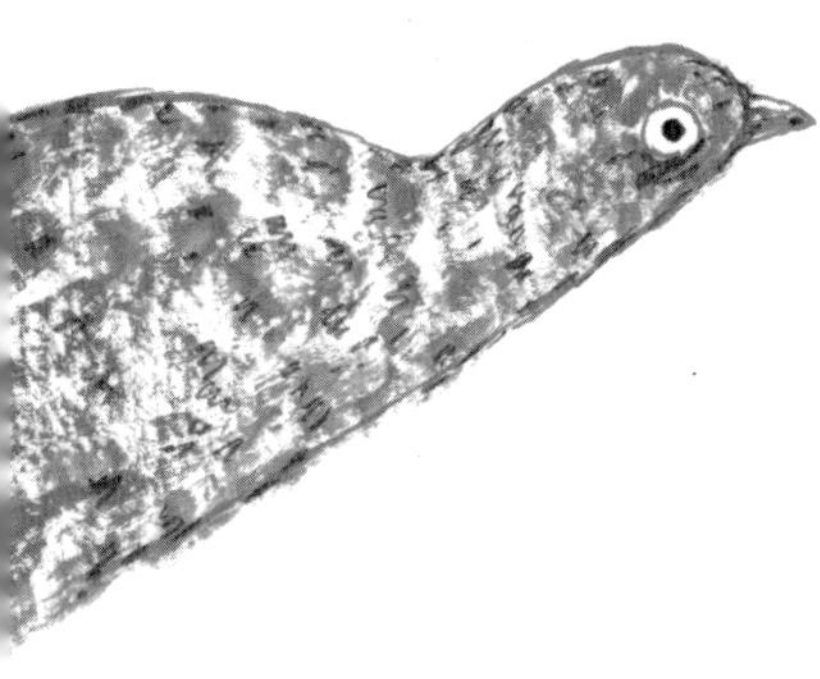

かくれるのは

アマガエルくらいに　小さくなって
冷《つめ》たい風から　身《み》をまもるため
それでも　目だけ出して
雨のつぶつぶ　見たいから

蚊《か》トンボ

蚊の親分《おやぶん》みたいな姿《すがた》をしているが
蚊の関係者《かんけいしゃ》ではない

ひょろひょろと頼《たよ》りなげで
だれからも期待《きたい》されない影《かげ》の薄《うす》さ

けれどあんなふうに何時間《なんじかん》も
平然《へいぜん》と網戸《あみど》にへばりついているのには
何か理由《りゆう》があるのだ
と　アマガエルくんは言った

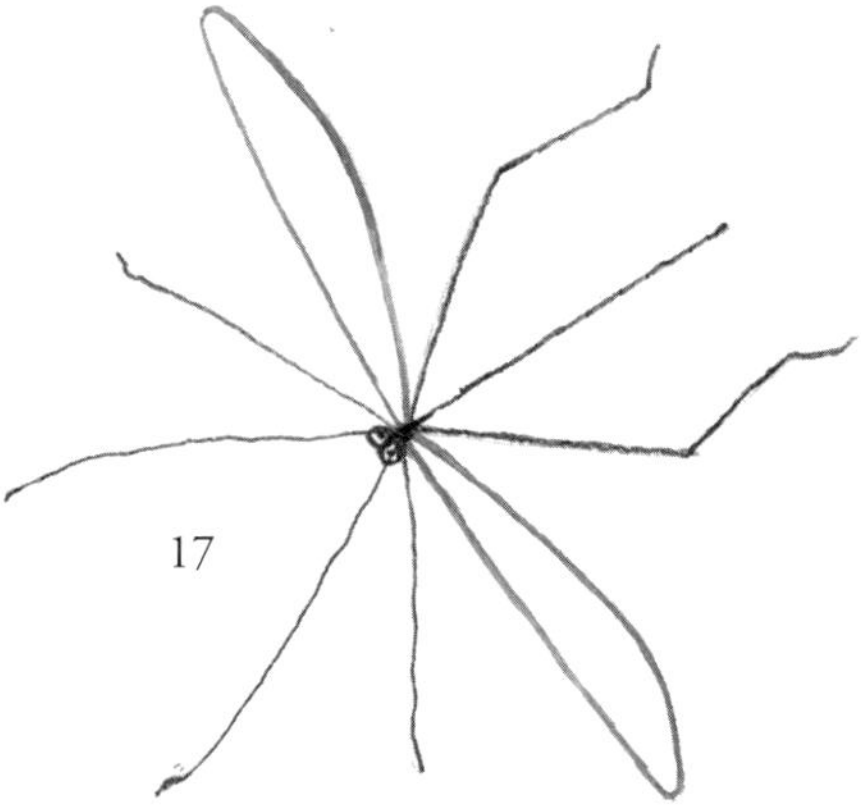

すなあびすずめ

すなあびすずめ　やってきた
ちゅちゅんとはねて　やってきた
すなあびすずめ　すなあびる
さっぱりするぜと　すなあびる
すずなりすずめも　やってきた
わいわいりんりん　やってきた

すずなりすずめも　すなあびる
じゅんばんまって　すなあびる

すなあびすずめ　とんでゆく
すずしいかおで　とんでゆく

すずなりすずめも　とんでゆく
あとにのこった　すずのおと

ゆうひ

こどもがみても
おじさんがみても
ゆうひはきれいやな
たぶん、◯◯がみても

※◯◯に、すきないきものをいれてね。

ツバメの空

いっぱいあつまって
いっぱいれんしゅうします
ながいながい
たびをはじめるために

あかとんぼ

さきっぽが
すきなんだね
あしたにちょっと
ちかいから

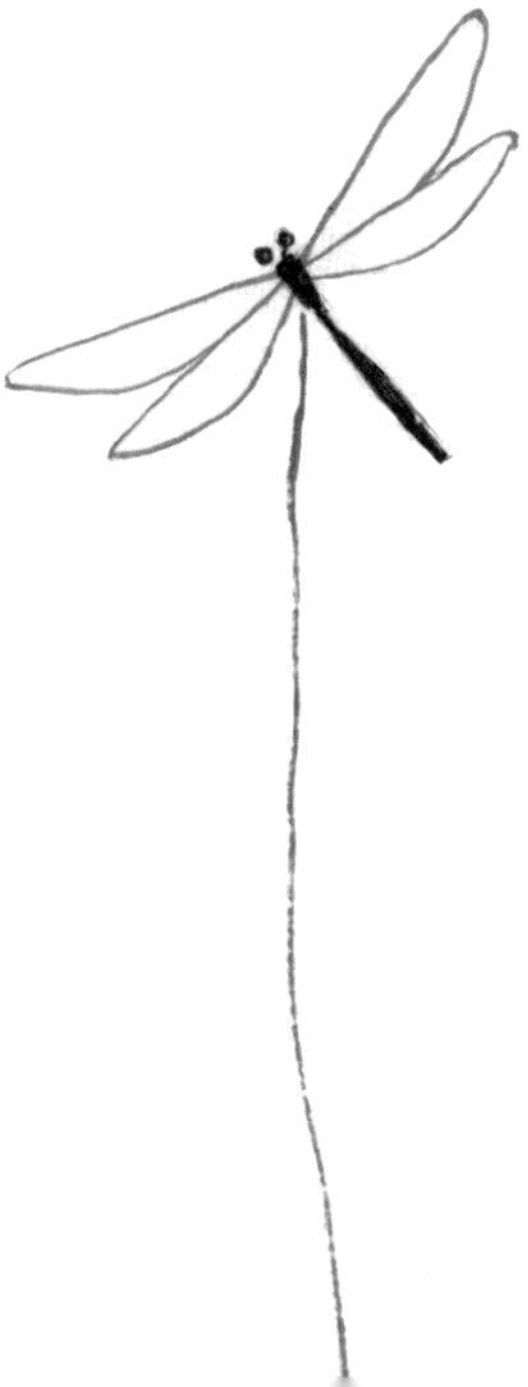

ゆりかご

イチモンジセセリだって
やすみたいときがある
ギンモクセイのはっぱを
ゆりかごにして

ギンモクセイの枝先《えださき》に

ギンモクセイの枝先に
シオカラトンボとまってる
羽を透《す》かして灰色《はいいろ》の
雲は流《なが》れてゆくけれど
シオカラトンボ動《うご》かない
雨が降《ふ》っても動かない

ギンモクセイの枝先の
葉《は》っぱと同じ傾《かたむ》きで
シオカラトンボとまってる
夏のおわりがとまってる

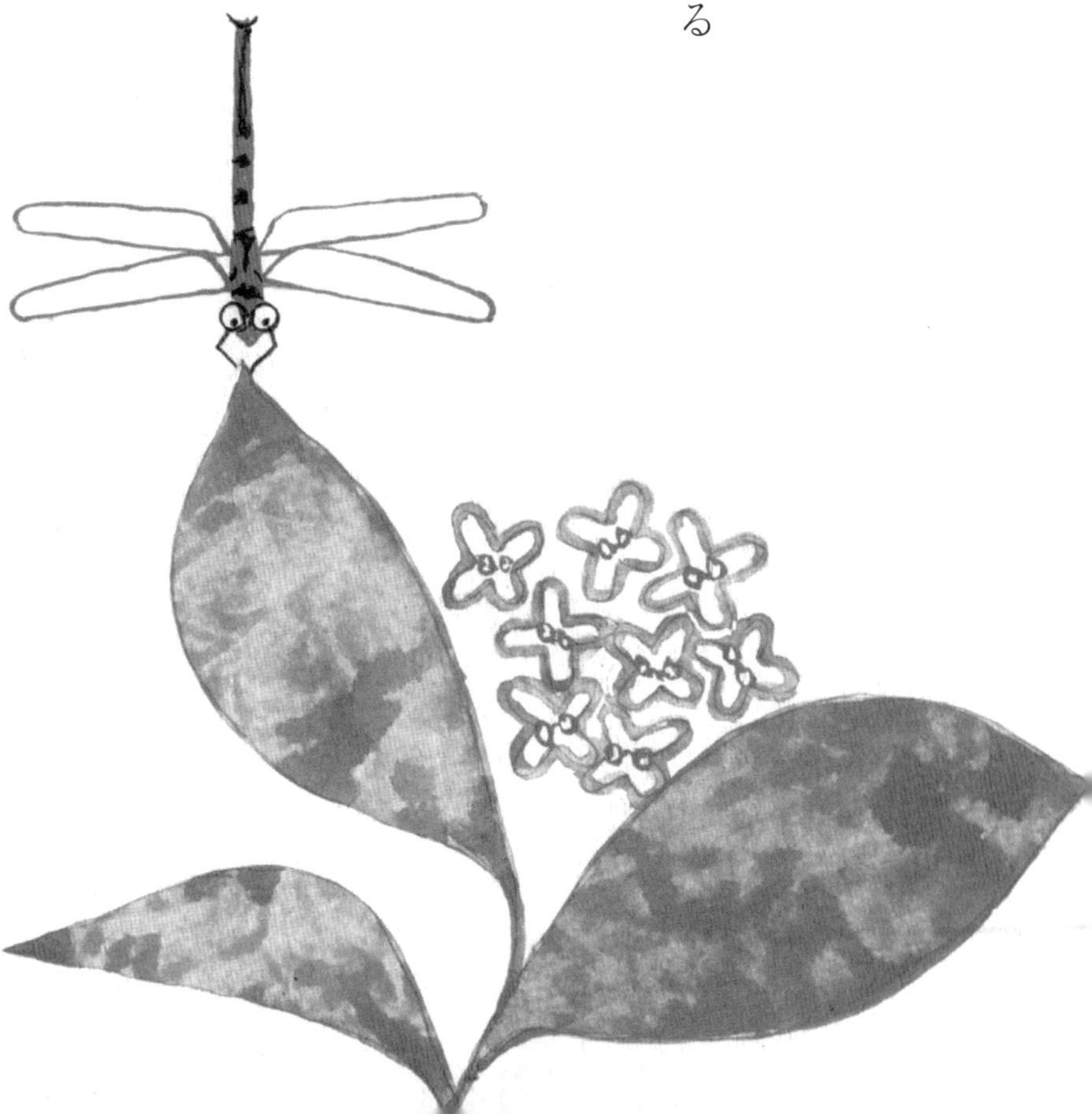

秋晴《あきば》れペンギン

池袋《いけぶくろ》では
ペンギンが空を飛《と》ぶ
というので見にいったら
ほんとうに
秋晴れのビル街《がい》を
すまし顔で飛んでいた

ペンギンとしては
大きな水槽《すいそう》の中を

ただただ気《き》持《も》ちよく
泳《およ》いでいるだけなのだが
見《み》上《あ》げる僕《ぼく》らには
ペンギンの飛ぶ空がある

この分《ぶん》だと
ひょうきんな顔で
じゃれあっている
カワウソたちが
空を翔《か》ける日も
来るかもしれない

ニンゲンは
嘘《うそ》をつくいきものである
同時《どうじ》に
嘘を楽《たの》しむいきものでもある
と言ったのは
誰《だれ》だったかしら

Ⅱ　きみがここにいることで

手

ねむりのなかでも
きみはきみの時間を
にぎっている

今日《きょう》　きみをつつんだ
たくさんの声を
にぎっている

まなざし

きのうのそらと
あしたのそらの
あいだに
なんのかけひきもない
きょうのまなざし
として
きみはここに
いる

ねころんで

ねころんで
何みてるの

きみの上にあるのは
この部屋《へや》の天井《てんじょう》だけど

きみのまなざしは
木目《もくめ》のクロスをつきぬけて

はるかな銀河《ぎんが》に
とどいてるみたい
うまれて二カ月の
きみの手は
この星の空気を
ぎゅっとにぎって

この道は

まだ首のすわらない赤ちゃんを
だっこひもで固定《こてい》して
ママが歩いている

ときおり足をとめて
赤ちゃんに
うすみどりのことばをかけながら

ここは
小学生だったママが
茶色い子犬をだっこした道

たくさんの
うすみどりのいのちが
とびはねていた道

いっしょに

だるまさんがいたら
だるまさんになって
だるまさんがゆれたら
いっしょにゆれて
だるまさんがこまったら
いっしょにこまって

だるまさんがわらったら
いっしょにわらって
だるまさんがうたったら
いっしょにうたって
だるまさんがだまったら
いっしょにだまって
だるまさんがとんだら
いっしょに、ぽーん

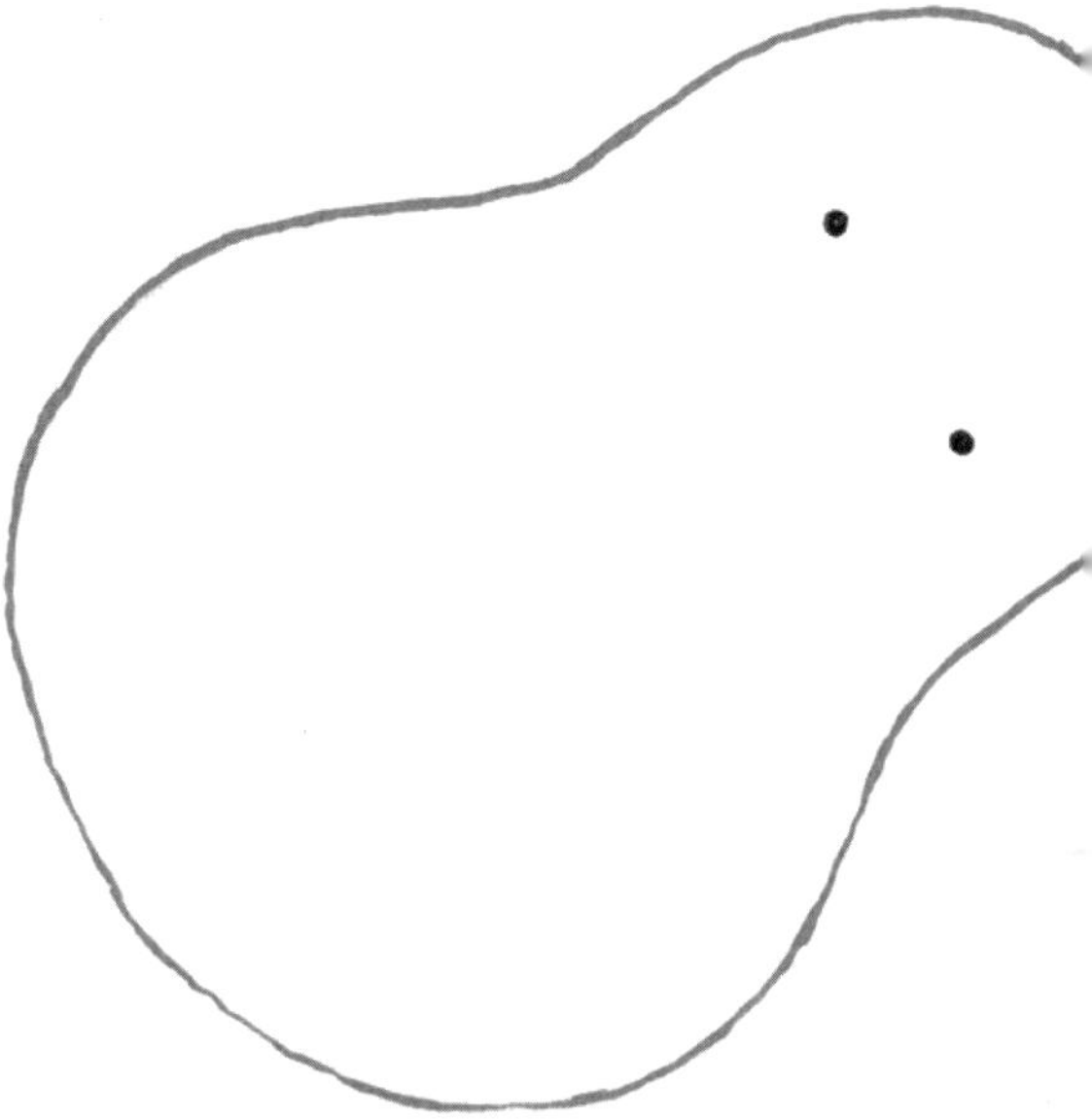

絵本

絵本は　おいしい
ママの声も　おいしい
おいしいと　にっこり
にっこりも　おいしい

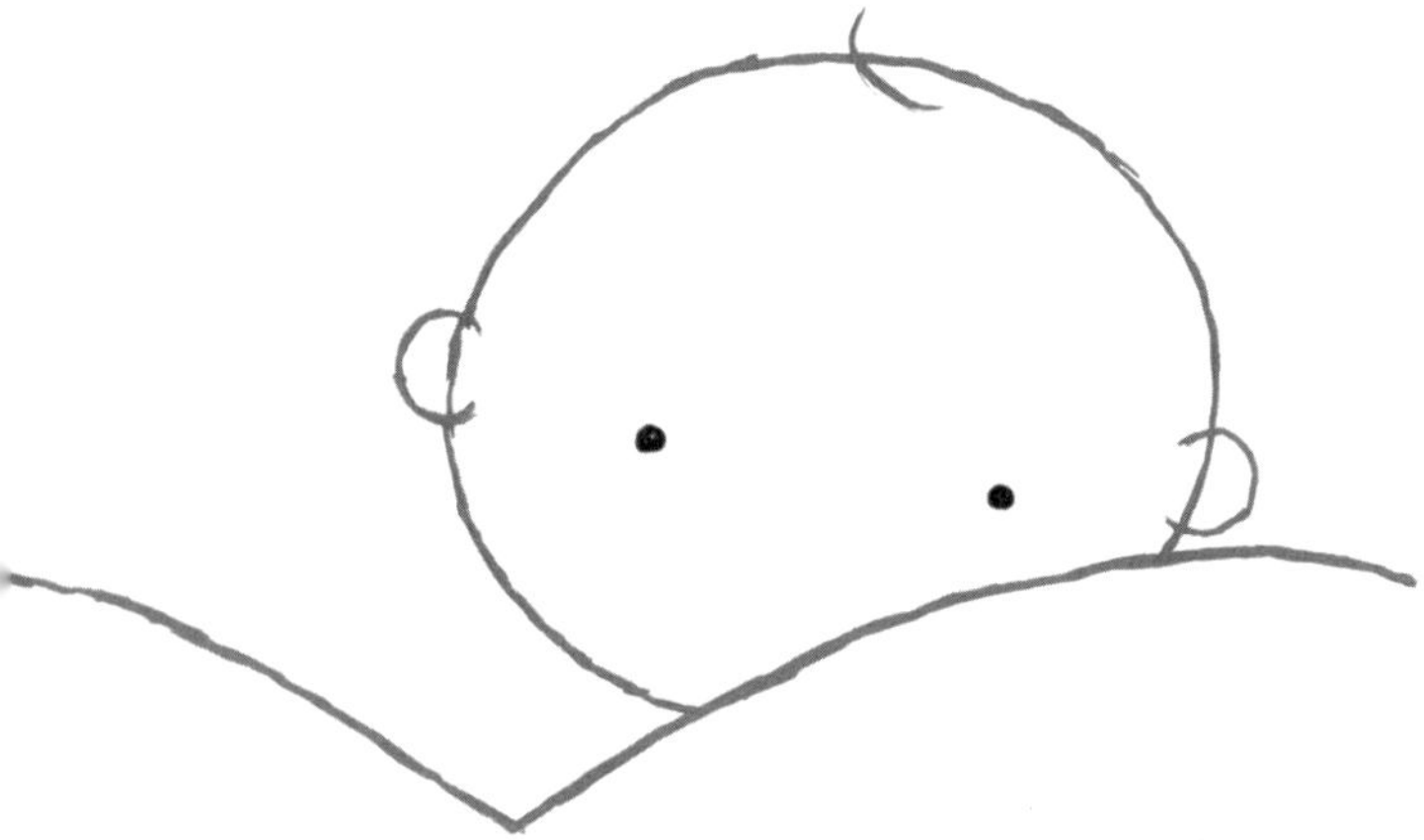

つながる

先の見えない日々《ひび》の中で
律儀《りちぎ》に走りつづける電車を見ることは
きみのいのちが
どんないのちとつながっているか
静《しず》かに思うことだった

ひよこひよこ

どうぶつえんまえの
しばふのうえを
ひょこひょこあるく

はじめてかってもらった
くつをはいて
ひょこひょこあるく

あるきながら
りょうてでめをかくして
いないいないをすると

さっきあいさつをかわした
オランウータンの
やさしいめをおもいだす

いないいない　ばあ

世《よ》の中《なか》どんな状況《じょうきょう》だって
「いないいないばあ」は楽《たの》しいよ
カーテンのかげから
赤ちゃんは言った

カラス

カラスがいたら
きみはめをまるくしてゆびさす
カラスがすきみたいだ
パンやさんじゃなくても

オウギバト

オウギバトがいたら
おおきなかんむりに
きみはびびって
ママにつかまってゆびさす

こんにちは

すべりだいの
かいだんをあがって
おともだちがいたら
こんにちはという
ママにおそわったのだろう

すべりだいを
すべりおりて
おおきな木がいたら
こんにちはという
だれにおそわったのだろう

影《かげ》

おひさまがわらうと
かげがあらわれる

きみがあるくと
かげもあるく

きみがてをふると
かげもてをふる

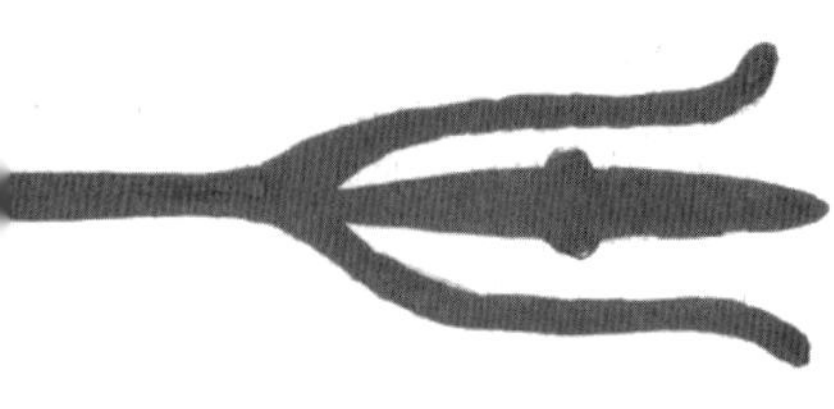

きみがうたうと
かげもうたう

おひさまがかくれると
かげもかくれる

きみはあしぶみしながら
きみのかげをよぶ

トサミズキ

いもむしみたいな
ぼよんぼよん

ひとりでのれる
ぼよんぼよん

きいろがすきで
ぼよんぼよん

ちいさくはねる
とさみずき
そらははるいろ
ぼよんぼよん

ブランコゆれて

赤いブランコ　赤くゆれて
青いブランコ　青くゆれて

小さくこげば　小さくゆれて
大きくこげば　大きくゆれて

いってかえって　いってかえって
いってかえって　いってかえって

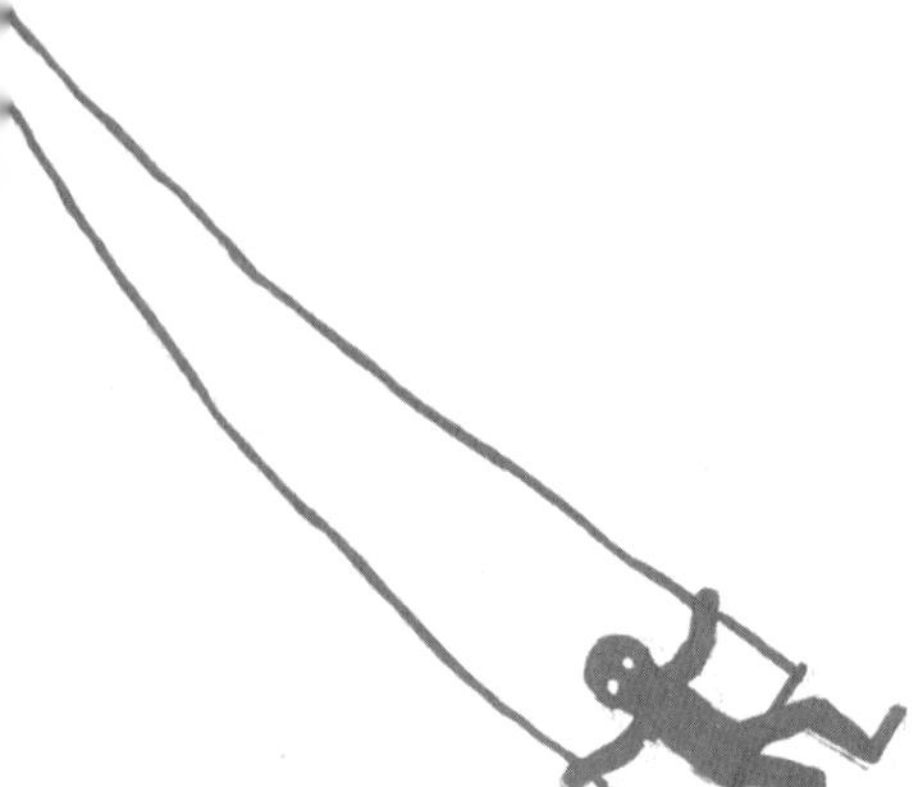

くりかえす　くりかえすその先に
何が見えるか　何がゆれるか

ご近所《きんじょ》の公園の　ブランコゆれて
世界中《せかいじゅう》のブランコに　つながっている

わけじゃないけど　くりかえしこげば
かすかな虹《にじ》の　かけらのような

きみのこころが
見えるかもしれない

ずんずん

「ママ、だっこ」がすきだけど
ひとりでずんずんいくのもすき

ずんずんさかみち　ずんずんじゃりみち
ずんずんよりみち　ずんずんはらはら

ずんずんずんずんずんずんいったら
きのうとずんずんちがうきみ

Ⅲ　葉《は》っぱも花も

つくし

こうえんに
つくし　つくし　つくし
つくし　つくし　つくし

いっせいに
つくし　つくし　つくし
つくし　つくし　つくし

わらっちゃうほど
つくし　つくし　つくし
つくし　つくし　つくし

まさか
つくし　つくし　つくし
かぞえ　つくし　たのは

だれ？

時のプロペラ

もみじの種《たね》を　抱《かか》えています
とても小さく　とても軽《かる》いです

うまく風をつかめば　飛《と》べそうです
不安《ふあん》は　少しありますが

仲間《なかま》が　たくさんいます
形や色は　微妙《びみょう》に違《ちが》っています

一本の木から　生まれた仲間です

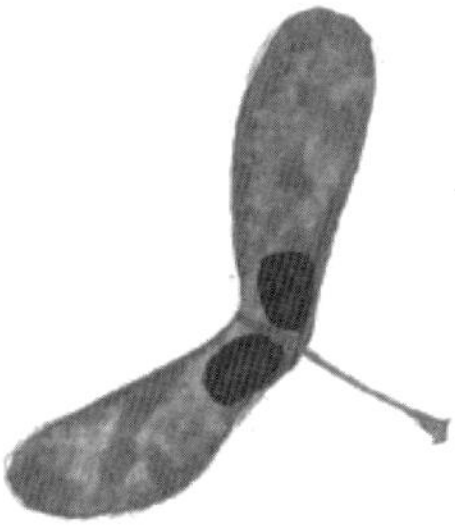

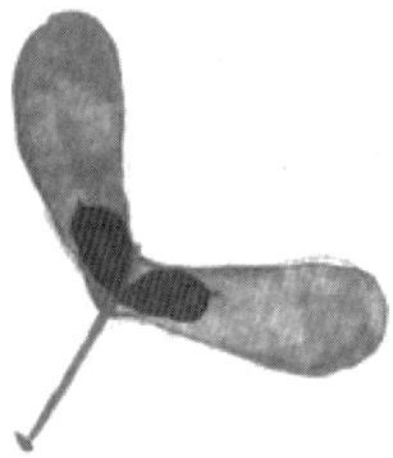

なので　ときどき声をかけあいます
陽《ひ》ざしが気《き》持《も》ちいいね　とか
ひどい嵐《あらし》だね　とか

空が澄《す》んできたね　とか
もうそろそろかな　とか

みんな　種を運《はこ》ぶことが好《す》きです
たとえ　どこに行きつこうと

次に　風が吹《ふ》いたら
思いきって　飛びたちます

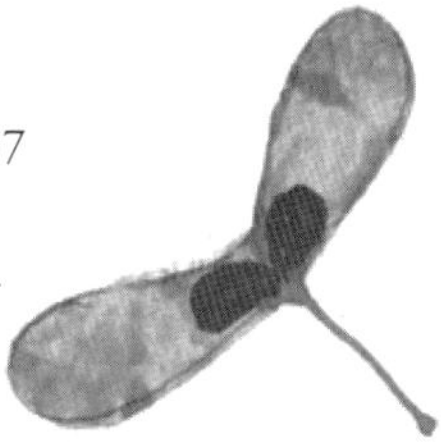

あさつゆ

けれど　くさは
ずっと　おぼえている
ひかりの　つぶが
そらに　ひろがる
すずしい　おとを

つゆ草

きみが選《えら》んだのは
側溝《そっこう》の中
グレーチングの隙間《すきま》からでも
空は見える

※グレーチング（格子状《こうしじょう》の鋼鉄《こうてつ》のみぞぶた）

どくだみ

ぽつり　ぽつり
ひかげに　ともる
ぽつり　ぽつり
まっしろな　いま

ヒマワリ

ヒマワリを写《うつ》すことは
そこにやってくる蝶《ちょう》や蜂《はち》になること
ヒマワリは喜《よろこ》んで
ぼくらの羽音《はおと》を聴《き》き分《わ》けてくれる

森の中で

ここで
手をつなごう

あのどっしりとした樹《き》と
このほっそりとした木の
間に
どれくらいの
時が流《なが》れているか
ぼくらの腕《うで》で

ハナミズキの秋は

少しさびしいので
トンボがとまる

ののはな

あきの　かぜは　しろい
ののはなが　ひっそりと
むすぶ　ゆめも

コスモス

ひとりでいても
ひとりじゃない
こころのなかで
だれかとダンス

秋バラ

あさの　ひかりを
てのひらに　のせる
ゆうがたの　ひかりを
そっと　おりたたむ

十月桜《じゅうがつざくら》

はるとあきに
ひらく
あきのはなびらは
こぶりでつつましい
そこでぼくも
つつましくあるく
かすかな
さくらいろまで

銀杏落葉《いちょうおちば》

しずかな境内《けいだい》は
金色の海になっていたが
なかには風とあそんで
空にとけた葉《は》っぱも
あっただろう

南天《なんてん》

やがて　まっかに　なるけれど
きょうは　きょうだけの　いろ

ロウバイ

その花は
うつむいて咲《さ》く
かすかな春の足音を
聞きとるために

Ⅳ　ぼくがここにいるわけ

どんな空も

そのまま
受《う》けとめる
ギンモクセイの
葉《は》っぱみたいに

さびしくなったら

ちいさな　つぼみを　おもう
つめたい　そらの　したで
ちいさな　ゆめを　だいている

ヒメジョオン

ヒメジョオンの波《なみ》に浮《う》かぶ
チョウやコガネムシ

めずらしくもなんともないが
指先《ゆびさき》が少しときめく

ヒメジョオンの波に洗《あら》われる
ブランコやすべり台

ファインダーの隅《すみ》に
こどもの時間が残《のこ》っている

このしずかな海を
明日《あした》の僕《ぼく》は刈《か》りはらう

このささやかなきらめきを
今日《きょう》の僕は写《うつ》す

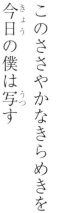

アジサイの丘《おか》

雨だ、出かけるぞ
と彼《かれ》は言った
あわててカメラをつかみ
僕《ぼく》は追《お》いかける
彼の背中《せなか》はもう
アジサイの丘に
僕のレンズは
美《うつく》しい水滴《すいてき》をたどる

さとやま

あかいてんてんてん
うすむらさきのてんてんてん
たどっていけば
みはらしのいいじかん

中野《なかの》の葉《は》っぱ

せっかく東京《とうきょう》へ行くのだからと
鞄《かばん》にカメラを入れておいたのだが
彼《かれ》が写《うつ》したのは
中野サンプラザ近くの
街路樹《がいろじゅ》の葉っぱだけだった
これならおっさんが
一人でカメラを構《かま》えていても
怪《あや》しまれないですむだろうから
それに彼はけっこう

葉っぱが好《す》きなのだった
特《とく》に珍《めずら》しくなくてもいい
まるっこいのもぎざぎざのも
細長いのもゆったりしたのも
その日その時の光を受《う》けて
表情《ひょうじょう》を変《か》える
一人のおっさんの心に映《うつ》る
葉っぱのことば
というわけで
彼のライブラリーに
「中野の葉っぱ」が
加《くわ》わったのである

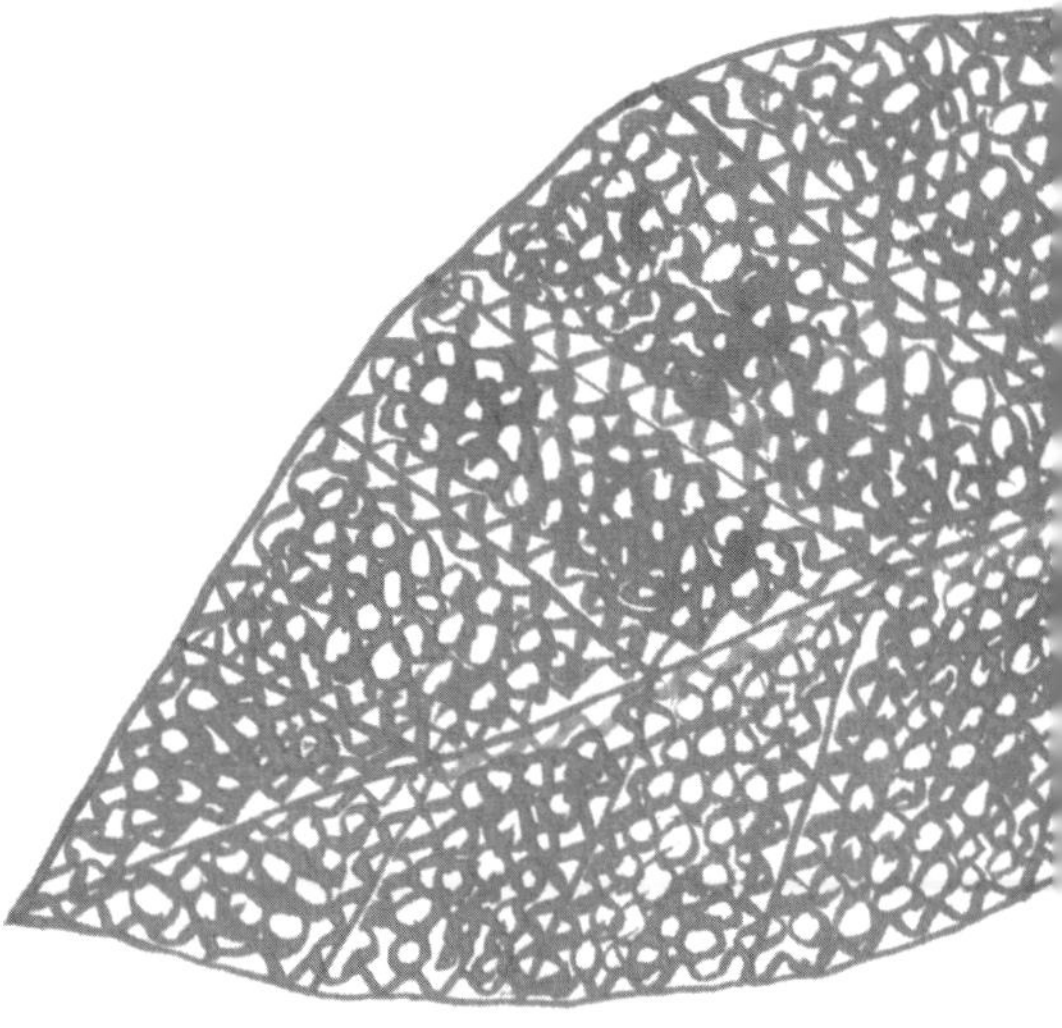

秤《はかり》

夏のおわりの空に
秤が一つうかんでいる
あんなところで
何をはかるのだろう
小鳥が数羽《すうわ》
ぱらぱらっとやってきて
すぐに飛《と》びさっていった

はかることに興味《きょうみ》はないらしい

この手にたしかな感触《かんしょく》があるのに
数値《すうち》にはできないもの

あざやかな記憶《きおく》を刻《きざ》みながら
もう取《と》り返《かえ》しのつかないもの

ゆっくりと次《つぎ》の季節《きせつ》へ傾《かたむ》く空に
秤が一つうかんでいる

誰《だれ》かが忘《わす》れていった雲みたいに
鈍《にぶ》く光って

きくらげ（木耳）

なんでやろ
ふいにきくらげが浮《う》かんできた
これまで一度《いちど》だって
きくらげを想《おも》ったりなんかしなかったのに
中華《ちゅうか》の一皿《ひとさら》にこりこりの食感《しょっかん》だけを添《そ》えて
あとは隠《かく》れていたきくらげよ

わたしのこころの縁《ふち》につかまって
どこへ向《む》かおうとしているのか
木の耳にきいてみようか
きくらげむだか

保津川《ほづがわ》のカモ

保津川下《くだ》りの舟《ふね》から
ほとんど終《お》わった紅葉《こうよう》を
なんとなく撮《と》っていたら
舟と並行《へいこう》して
懸命《けんめい》に泳《およ》ぐ集団《しゅうだん》がいる
なんだなんだと思ったら
カモである

彼《かれ》らは泳ぐだけではなく

時おり水をけって羽《は》ばたき
数《すう》メートル先の川面《かわも》に突《つ》っこむ
彼らには
めざすものがあるのだ
それは
船頭《せんどう》さんがちぎって投《な》げる
食パンであった

水上《すいじょう》をいきいきと駆《か》ける
彼らの姿《すがた》に胸《むね》を打《う》たれ
舟の客《きゃく》である僕《ぼく》らは
ばしばしとシャッターを切《き》る

逆光気味《ぎゃっこうぎみ》になると
水しぶきとカモの羽がきらめき
確《たし》かに絵になる

船頭さんの気づかいが
僕らにはありがたい

ただ
彼らが懸命に
追《お》いかける先にあるものが
食パンだという現実《げんじつ》は
ちょっとせつない
十二月の澄《す》んだ空みたいに

粉雪《こなゆき》

白く乾《かわ》いた静《しず》けさが
プールサイドを
つつんでいる

あの日ここで
つつつ　つつつ　と
遊《あそ》んでいたセキレイは
どうしているだろう

デッキブラシみたいに
壁《かべ》にもたれる僕《ぼく》の足元《あしもと》を
小さな鳥は
行ったり来たりした

生きるための営《いとな》みが
まるで遊んでいるように
見えてしまうのは
ちょっとすてきで
ちょっとかなしい

セキレイのいない

プールサイドを
明るい静けさが
つつつ　つつつ　と
つつんでいる

霜《しも》

きりきり
ひえた　ひかりが
きりきり
のはら　とびたつ

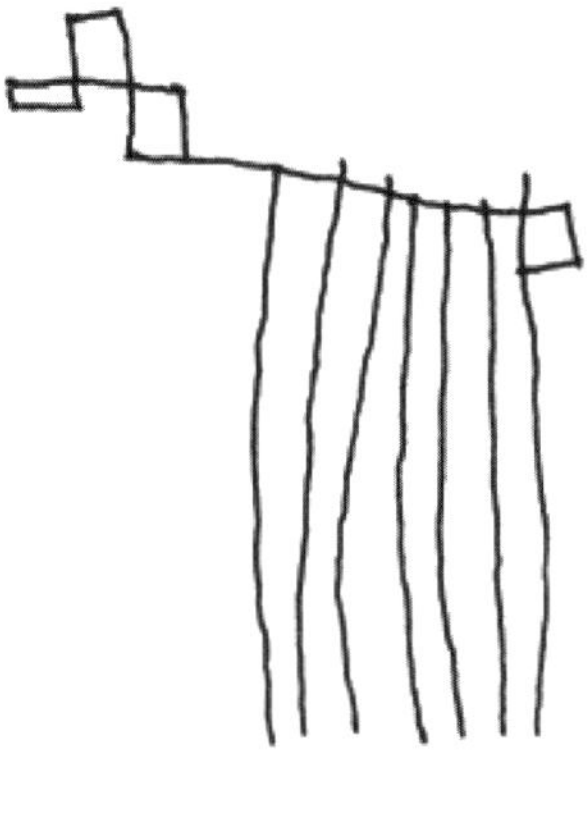

空の祝祭《しゅくさい》

冬の空に
ふたたび虹《にじ》が現《あらわ》れた
枯野《かれの》にかかる大きなアーチをくぐって
僕《ぼく》は仕事場《しごとば》に向《む》かう
慎重《しんちょう》にハンドルを握《にぎ》って

フロントガラスの先に
ただただ美《うつく》しいものが息《いき》づいていた

仕事場では同僚《どうりょう》たちが
少し興奮《こうふん》した面持《おもも》ちで
祝祭のように
鮮《あざ》やかな現象《げんしょう》について話していたが
僕は黙《だま》っていた

言葉《ことば》にした途端《とたん》
消《き》えてしまうものが
空にはある
魂《たましい》のふるえだけ残《のこ》して

またね

こんにちはと
さようならは
となりどうし

うれしいと
さびしいも
となりどうし

またね
あっさりと
くちにする

またね
あしたへの
いのり

島を歩く

鳥というかたち
人というかたち
風というかたち
海というひかり

*

海風に吹《ふ》かれて
スミレがゆれる
鳥に運《はこ》ばれてきた

したたかないのちを
この島は黙《だま》って受《う》けとめる

*

傷《きず》ついたササの葉《は》を
丹念《たんねん》に描《えが》く人がいる
何枚《なんまい》も何枚も
自《みず》らの心のありかを
問《と》いつづけるように

*

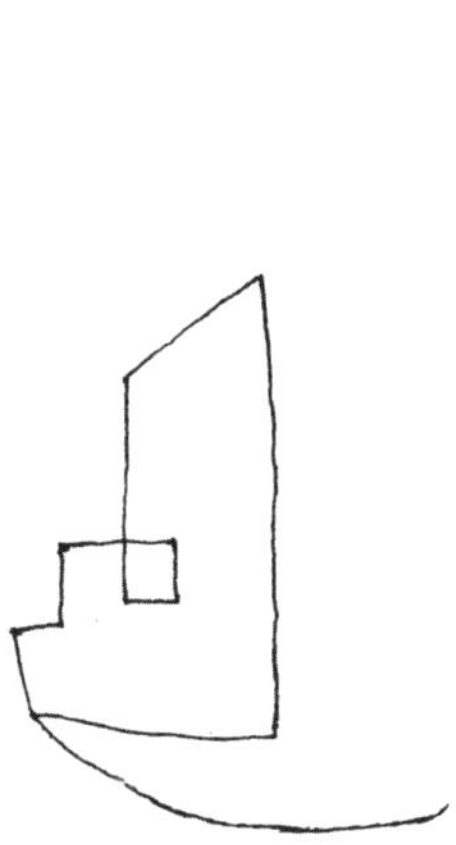

島へ渡《わた》る橋《はし》の途中《とちゅう》で
子どもの背中《せなか》を見たら
透明《とうめい》なヒレがゆれていた
きっとそいつを上手《じょうず》に動《うご》かして
水のような時間を泳《およ》ぐのだ

*

海鳴《うみな》りの
天より
地より
ヤブツバキ

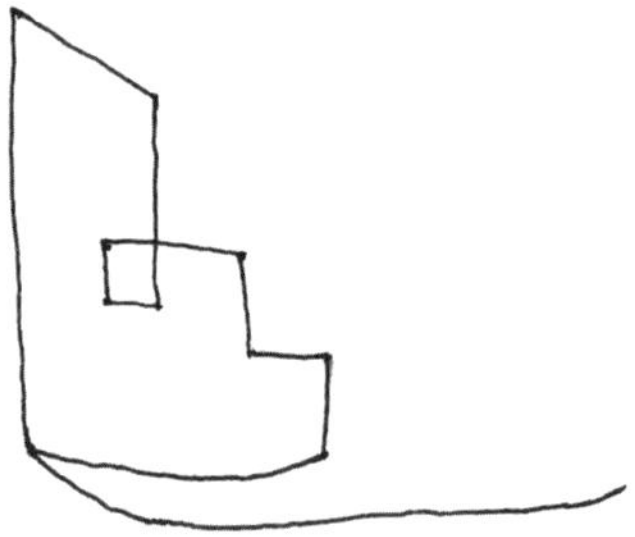

あとがき

ぼくの家の庭に、ギンモクセイの木が一本あります。

秋、白くてちっこい花が咲《さ》くと、キンモクセイほどにぎやかではありませんが、遊《あそ》びにきたアマガエルをうっとりさせるくらいの香《かお》りをただよわせます。

花の時季《じき》でなくても、根元《ねもと》でスズメの集団《しゅうだん》が歌ったり、赤トンボが枝《えだ》にとまって考えごとをしたり、葉《は》っぱがイチモンジセセリのゆりかごになったりもします。

この本は、こどものこころに向《む》けてつくろうと思いました。ことばはできるだけシンプルに、ギンモクセイみたいにおだやかに。もちろん、おとなのあなたのこころも、ようこそ！　です。

いつかきみが
ことばの原っぱを歩くとき
この世界《せかい》もいいな
そう思えるような詩《し》を書くことが
ぼくの勝手《かって》な夢《ゆめ》です

二〇二一年　夏

半田信和《はんだしんかず》

著者紹介

詩・半田　信和（はんだ　しんかず）

1958年　福井県生まれ　福井県詩人懇話会会員
2014年　詩集『ひかりのうつわ』（土曜美術社出版販売）
2018年　詩集『たとえば一人のランナーが』（竹林館）第23回三越左千夫少年詩賞
2018年　童謡詩「ギンモクセイの枝先に」第19回柳波賞
フェイスブックで、みじかく、やわらかい詩のことばを発信している。

画家・吉野　晃希男（よしの　あきお）

1948年　神奈川県茅ヶ崎市に生まれ、現在、鎌倉市在住。
1972年　東京藝術大学絵画科油絵専攻卒業
絵本として福音館書店、ベネッセコーポレーションなど。

NDC911
神奈川　銀の鈴社　2021
104頁　21cm（ギンモクセイの枝先に）

ジュニアポエムシリーズ　301　2021年9月10日初版発行
本体1,600円＋税

ギンモクセイの枝先に

著　　者　詩・半田信和 ©　絵・吉野晃希男 ©
発 行 者　西野大介
編集発行　㈱銀の鈴社 TEL 0467-61-1930　FAX 0467-61-1931
〒248-0017 神奈川県鎌倉市佐助 1-18-21 万葉野の花庵
https://www.ginsuzu.com
E-mail　info@ginsuzu.com

ISBN978－4－86618－119－6　C8092
落丁・乱丁本はお取り替え致します
印刷　電算印刷
製本　渋谷文泉閣

…ジュニアポエムシリーズ…

No.	著者	書名	備考
1	鈴木敏史詩集・宮下琢郎絵	星の美しい村	★☆
2	小池知子詩集・高志孝子絵	おにわいっぱいぼくのなまえ	★☆
3	鶴岡千代子詩集・武田淑子絵	白い虹	児文芸新人賞
4	楠木しげお詩集・久保雅勇絵	カワウソの帽子	
5	津坂治男詩集・垣内美穂絵	大きくなったら	★◇
6	後藤れい子詩集・山本まつ子絵	あくたれぼうずのかぞえうた	
7	北村蔦子詩集・柿本幸造絵	あかちんらくがき	
8	吉田瑞穂詩集・吉田翠絵	しおまねきと少年	⊠★◎
9	新川和江詩集・葉祥明絵	野のまつり	★☆
10	阪田寛夫詩集・織茂恭子絵	夕方のにおい	◈★☆○
11	高田敏子詩集・若山憲絵	枯れ葉と星	★☆
12	原田直友詩集・吉田翠絵	スイッチョの歌	★◎
13	小林純一詩集・久保雅勇絵	茂作じいさん	◉★☆♪◎
14	谷川俊太郎詩集・長新太絵	地球へのピクニック	★◎◇
15	与田準一詩集・深沢省三・深沢紅子絵	ゆめみることば	★
16	岸田衿子詩集・中谷千代子絵	だれもいそがない村	
17	江間章子詩集・榊原直美絵	水と風	◇◎
18	原田直友詩集・小野まり絵	虹—村の風景—	★
19	福田正夫詩集・福田達夫絵	星の輝く海	★☆
20	草野心平詩集・長野ヒデ子絵	げんげと蛙	★☆○◇
21	宮田滋子詩集・青木まさる絵	手紙のおうち	☆○
22	久保田昭三詩集・斎藤彬子絵	のはらでさきたい	
23	鶴岡千代子詩集・加倉井和夫・武田淑子絵	白いクジャク	★♪
24	尾上尚子詩集・まど・みちお絵	そらいろのビー玉	★☆ 児文協新人賞
25	水上紅詩集・深沢紅子絵	私のすばる	☆
26	野呂昶詩集・福島一二三絵	おとのかだん	★
27	こやま峰子詩集・武田淑子絵	さんかくじょうぎ	☆
28	青戸かいち詩集・駒宮録郎絵	ぞうの子だって	
29	まきたかし詩集・福田達夫絵	いつか君の花咲くとき	★☆♡
30	薩摩忠詩集・駒宮録郎絵	まっかな秋	★☆♡
31	新川和江詩集・福島一二三絵	ヤァ!ヤナギの木	★☆○♡
32	井上靖詩集・駒宮録郎絵	シリア沙漠の少年	★☆♡
33	古村徹三詩・絵	笑いの神さま	
34	江上波夫詩集・青空風太郎絵	ミスター人類	○☆
35	秋原秀夫詩集・鈴木義治絵	風の記憶	★◎
36	水村三千夫詩集・武田淑子絵	鳩を飛ばす	
37	久冨純江詩集・渡辺安芸夫絵	風車 クッキングポエム	
38	日野生三詩集・吉野晃希男絵	雲のスフィンクス	★
39	佐藤雅子詩集・佐藤太清・広瀬きよみ絵	五月の風	★
40	小黒恵子詩集・武田淑子絵	モンキーパズル	★
41	木村信子詩集・山本典子絵	でていった	
42	中野栄子詩集・吉田翠絵	風のうた	☆
43	宮田滋子詩集・牧村慶子絵	絵をかく夕日	★
44	大久保ティ子詩集・渡辺安芸夫絵	はたけの詩	★☆
45	秋原秀夫詩集・赤星亮衛絵	ちいさなともだち	♥

☆日本図書館協会選定（2015年度で終了）　♪日本童謡賞　♧岡山県選定図書　◇岩手県選定図書
★全国学校図書館協議会選定（SLA）　♡日本子どもの本研究会選定　◆京都府選定図書
□少年詩賞　■茨城県すいせん図書　♥秋田県選定図書　⊠芸術選奨文部大臣賞
○厚生省中央児童福祉審議会すいせん図書　♣愛媛県教育会すいせん図書　◉赤い鳥文学賞　◈赤い靴賞

…ジュニアポエムシリーズ…

46 日友靖子詩集 藤城清治・安西明美・絵 猫曜日だから ◆☆

47 秋葉てる代詩集 武田淑子・絵 ハープムーンの夜に ♡

48 こやま峰子詩集 山本省三・絵 はじめのいーっぽ ★♡

49 黒柳啓子詩集 金子滋・絵 砂かけ狐 ♡

50 三枝ますみ詩集 武田淑子・絵 ピカソの絵 ☆♡♪

51 夢虹二詩集 武田淑子・絵 とんぼの中にぼくがいる ♡○♥

52 はたちよしこ詩集 まど・みちお・絵 レモンの車輪 □♧

53 大岡信詩集 葉祥明・絵 朝の頌歌 ★☆♡♥◎

54 吉田瑞穂詩集 吉田翠・絵 オホーツク海の月 ★☆♡

55 さとう恭子詩集 村上保・絵 銀のしぶき ★☆♡

56 星乃ミミナ詩集 葉祥明・絵 星空の旅人 ★☆♡

57 葉祥明 詩・絵 ありがとう そよ風 ★♡▲

58 青戸かいち詩集 初山滋・絵 双葉と風

59 小野ルミ詩集 和田誠・絵 ゆきふるるん ★☆♪♡

60 なぐもはるき 詩・絵 たったひとりの読者 ★♡♧

61 小関秀夫詩集 小倉玲子・絵 風《かざ》栞《しおり》 ★♡♥

62 海沼松世詩集 守下さおり・絵 かげろうのなか ☆♡

63 山本龍生詩集 小倉玲子・絵 春行き一番列車 ♡

64 小泉周二詩集 深沢省三・絵 こもりうた ★☆♡

65 かわてせいぞう詩集 若山憲・絵 野原のなかで ♡★♥

66 えぐちまき詩集 赤星亮衛・絵 ぞうのかばん ♡◆♥

67 池田あきつ詩集 小倉玲子・絵 天気雨 ♡

68 藤井則行詩集 君島美知子・絵 友へ ♡♤

69 藤哲生詩集 武田淑子・絵 秋いっぱい ★♠

70 日友靖子詩集 深沢紅子・絵 花天使を見ましたか ★

71 吉田瑞穂詩集 吉田翠・絵 はるおのかきの木 ★

72 小島禄琅詩集 中村陽子・絵 海を越えた蝶 ★♡☆♥

73 にしおまさこ詩集 杉田幸子・絵 あひるの子 ★

74 山下竹二詩集 徳田徳志芸・絵 レモンの木 ★

75 高崎乃理子詩集 奥山英俊・絵 おかあさんの庭 ★♡

76 檜きみこ詩集 広瀬弦・絵 しっぽいっぽん ★□♪☆♡

77 たかはしけいこ詩集 高田三郎・絵 おかあさんのにおい ♡♣□

78 星乃ミミナ詩集 深澤邦朗・絵 花かんむり ♥☆♡

79 佐藤照雄詩集 津波信久・絵 沖縄 風と少年 ☆♡★

80 相馬梅子詩集 やなせたかし・絵 真珠のように ♥★

81 小島禄琅詩集 深沢紅子・絵 地球がすきだ ★

82 鈴木美智子詩集 黒澤梧郎・絵 龍のとぶ村 ◇★♥

83 いがらしれいこ詩集 高田三郎・絵 小さなてのひら ☆

84 宮入黎子詩集 小倉玲子・絵 春のトランペット ☆★

85 下田喜久美詩集 方振寧・絵 ルビーの空気をすいました ☆

86 野呂昶詩集 方振寧・絵 銀の矢ふれふれ ★

87 ちよはらまちこ詩集 ちよはらまちこ・絵 パリパリサラダ ★

88 秋原秀夫詩集 徳田徳志芸・絵 地球のうた ☆★

89 中島あやこ詩集 井上緑・絵 もうひとつの部屋 ★

90 藤川こうのすけ詩集 葉祥明・絵 こころインデックス ☆

✲サトウハチロー賞
☼三木露風賞
♤福井県すいせん図書
▲神奈川県児童福祉審議会推薦優良図書
♠奈良県教育研究会すいせん図書
♧北海道選定図書
◇静岡県すいせん図書
◎学校図書館図書整備協会選定図書（SLBA）
✣毎日童謡賞
ꙮ三越左千夫少年詩賞

…ジュニアポエムシリーズ…

△長野県教育委員会すいせん図書　☆㈶日本動物愛護協会推薦図書
◆茨城県推奨図書　●児童ペン賞

…ジュニアポエムシリーズ…

136 秋葉てる代詩集 やなせたかし・絵 おかしのすきな魔法使い ♪★
137 青戸かいち詩集 永田萠・絵 小さなさようなら ❀★
138 柏木恵美子詩集 高田三郎・絵 雨のシロホン ♡★
139 藤井則行詩集 阿見みどり・絵 春だから ♡★◎
140 黒田勲子詩集 山中冬児・絵 いのちのみちを
141 南郷芳明詩集 的場豊子・絵 花時計
142 やなせたかし 詩・絵 生きているってふしぎだな
143 内田麟太郎詩集 斎藤隆夫・絵 うみがわらっている
144 しまざきふみ詩集 島崎奈緒・絵 こねこのゆめ ♡
145 糸永えつこ詩集 武井武雄・絵 ふしぎの部屋から ♡
146 石坂きみこ詩集 鈴木英二・絵 風の中へ ♡
147 坂本のこ詩集 坂本こう・絵 ぼくの居場所 ♡
148 島村木綿子 詩・絵 森のたまご ❀
149 楠木しげお詩集 わたせせいぞう・絵 まみちゃんのネコ ★
150 牛尾良子詩集 上矢津・絵 おかあさんの気持ち ♡

151 三越左千夫詩集 阿見みどり・絵 せかいでいちばん大きなかがみ ★
152 水村三千夫詩集 高見八重子・絵 月と子ねずみ
153 川越文子詩集 横松桃子・絵 ぼくの一歩 ふしぎだね ★
154 すずきゆかり詩集 葉祥明・絵 まっすぐ空へ
155 西田純詩集 葉祥明・絵 木の声 水の声
156 清野倭文子詩集 水科舞・絵 ちいさな秘《ひ》密《みつ》
157 川奈静詩集 直江みちる・絵 浜ひるがおはパラボラアンテナ ★◎
158 若木良水詩集 西真里子・絵 光と風の中で
159 牧陽子詩集 渡辺あきお・絵 ねこの詩 ★◎
160 宮田滋子詩集 阿見みどり・絵 愛 一輪 ★◎
161 井上灯美子詩集 唐沢静・絵 ことばのくさり ☆♪
162 滝波万理子詩集 滝波裕子・絵 みんな王《おう》様《さま》 ★♪
163 冨岡みち詩集 関口コオ・絵 かぞえられへん せんぞさん ★
164 垣内磯子詩集 辻恵子・切り絵 緑色のライオン ★◎
165 すぎもとれいこ詩集 平井辰夫・絵 ちょっといいことあったとき ★

166 岡田喜代子詩集 おぐらひろかず・絵 千年の音 ★☆◎
167 川奈静詩集 直江みちる・絵 ひもの屋さんの空 ★◎☆♥♡
168 鶴岡千代子詩集 武田淑子・絵 白い花火 ★☆
169 井上灯美子詩集 唐沢静・絵 ちいさい空をノックノック ★◎☆
170 尾崎杏子詩集 ひなた山すじゅう郎・絵 海辺のほいくえん ☆♡★◎
171 柘植愛子詩集 やなせたかし・絵 たんぽぽ線路 ☆♡★◎♪
172 小林比呂古詩集 うめざわのりお・絵 横須賀スケッチ ☆★◎♡▲
173 林佐知子詩集 串田敦子・絵 きょうという日 ☆★◎♡▲
174 後藤基宗子詩集 岡澤由紀子・絵 風とあくしゅ ☆♥★◎♡
175 土屋律子詩集 高瀬のぶえ・絵 るすばんカレー ☆♡★◎▲
176 三輪アイ子詩集 深沢邦朗・絵 かたぐるましてよ ★☆♡
177 田辺瑞美子詩集 西真里子・絵 地球賛歌 ☆★◎
178 髙瀬美代子詩集 小倉玲子・絵 オカリナを吹く少女 ☆♡
179 中野惠子詩集 串田敦子・絵 コロポックルでておいで ★♡☆♪
180 松井節子詩集 阿見みどり・絵 風が遊びにきている ★☆♡▲

…ジュニアポエムシリーズ…

…ジュニアポエムシリーズ…

- 226 おばらいちこ詩集 髙見八重子・絵 ぞうのジャンボ ☆★♡
- 227 吉田房子詩集 本田あまね・絵 まわしてみたい石臼 ★♡
- 228 吉田房子詩集 阿見みどり・絵 花 詩 集 ★♡◎
- 229 田中たみ子詩集 唐沢静・絵 へこたれんよ ★◎
- 230 林佐知子詩集 串田敦子・絵 この空につながる ★♡
- 231 藤本美智子 詩・絵 心のふうせん ★♡
- 232 火星雅範詩集 西川律子・絵 ささぶねうかべたよ ★♡▲
- 233 吉田房子詩集 岸田歌子・絵 ゆりかごのうた ★♡
- 234 むらかみみちこ詩集 むらかみみちこ むらかみあくる・絵 風のゆうびんやさん ★♡
- 235 白谷玲花詩集 阿見みどり・絵 柳川白秋めぐりの詩 ★♡
- 236 ほさかとしこ詩集 内山つとむ・絵 神さまと小鳥 ★☆♡
- 237 内田麟太郎詩集 長野ヒデ子・絵 まぜごはん ☆★◎♡▲
- 238 小林比呂古詩集 出口雄大・絵 きりりと一直線 ♡★
- 239 牛尾良子詩集 おぐらひろかず・絵 うしの土鈴とうさぎの土鈴 ★◎♡
- 240 山本純子詩集 ルイコ・絵 ふ ふ ふ ★♡☆◎
- 241 神田亮 詩・絵 天使の翼 ★☆♡
- 242 かんざわみえ詩集 阿見みどり・絵 子供の心大人の心さ迷いながら ☆★◎▲
- 243 永田喜久男詩集 内山つとむ・絵 つながっていく ★☆♡
- 244 浜野木碧 詩・絵 海原散歩 ☆★◎♡
- 245 やまうち・しゅうへい詩集 山本省三・絵 風のおくりもの ☆★◎♡
- 246 すぎもとれいこ 詩・絵 てんきになあれ ★◎
- 247 冨岡みち詩集 加藤真夢・絵 地球は家族 ひとつだよ ♡☆◎★
- 248 北野千賀詩集 滝波裕子・絵 花束のように ♡☆★◎
- 249 石原一輝詩集 加藤真夢・絵 ぼくらのうた ♡★◎
- 250 土屋律子詩集 高瀬のぶえ・絵 まほうのくつ ♡☆★◎▲
- 251 津坂治男詩集 井上良子・絵 白い太陽 ☆♡★◎
- 252 石井英行詩集 よしだちなつ・表紙絵 野原くん ☆★♡◎▲
- 253 井上灯美子詩集 唐沢静・絵 たからもの ☆♡★
- 254 大竹典子詩集 加藤真夢・絵 おたんじょう ☆★
- 255 たかはしけいこ詩集 織茂恭子・絵 流れ星 ★♡
- 256 谷川俊太郎詩集 下田昌克・絵 そ し て ♡★◎
- 257 なんば・みちこ詩集 布下満・絵 トックントックン 大空で大地で ★◎
- 258 宮本美智子詩集 阿見みどり・絵 夢の中に そっと ★◎♡
- 259 成本和子詩集 阿見みどり・絵 天使の梯子 ★◎
- 260 海野文音詩集 牧野鈴子・絵 ナンドデモ ★♡
- 261 熊谷本郷詩集 永田萠・絵 かあさん かあさん ★♡
- 262 大楠翠詩集 吉野晃希男・絵 おにいちゃんの紙飛行機 ★♡♪
- 263 久保恵子詩集 たかせちなつ・絵 わたしの心は 風に舞う ★♡
- 264 みずかみさやか詩集 葉祥明・絵 五月の空のように ★♡
- 265 尾崎昭代詩集 中辻アヤ子・絵 たんぽぽの日 ★
- 266 はやしゆみ詩集 渡辺あきお・絵 わたしはきっと小鳥 ★
- 267 田沢節子詩集 永田萠・絵 わき水ぷっくん △★♡
- 268 柘植愛子詩集 そねはらまさえ・絵 赤いながぐつ ★♡
- 269 馬場与志子詩集 日向山寿十郎・絵 ジャンケンポンでかくれんぼ ♡★
- 270 内田麟太郎詩集 高畠純・絵 たぬきのたまご ★●♡

…ジュニアポエムシリーズ…

＊刊行の順番はシリーズ番号と異なる場合があります。

ジュニアポエムシリーズは、子どもにもわかる言葉で真実の世界をうたう個人詩集のシリーズです。

本シリーズからは、毎回多くの作品が教科書等の掲載詩に選ばれており、1974年以来、全国の小・中学校の図書館や公共図書館等で、長く、広く、読み継がれています。

心を育むポエムの世界。

一人でも多くの子どもや大人に豊かなポエムの世界が届くよう、ジュニアポエムシリーズはこれからも小さな灯をともし続けて参ります。

銀の小箱シリーズ　四六変型

- 葉 祥明 詩・絵　小さな庭
- 若山 憲 詩・絵　白い煙突
- こばやしひろこ・詩　うめざわのりお・絵　みんななかよし
- 江口 正子・詩　油野 誠一・絵　みてみたい
- やなせたかし 詩・絵　あこがれよなかよくしよう
- 冨岡 みち・詩　関口 コオ・絵　ないしょやで
- 小林比呂古・詩　神谷 健雄・絵　花かたみ
- 小泉 周二・詩　辻 友紀子・絵　誕生日・おめでとう
- 柏原 耿子・詩　阿見みどり・絵　アハハ・ウフフ・オホホ★♡▲
- こばやしひろこ・詩　うめざわのりお・絵　ジャムパンみたいなお月さま★▲

小さな詩の絵本　新企画 オールカラー・A6判

- 内田麟太郎・詩　たかすかずみ・絵　いっしょに♡

すずのねえほん　B5判・A4変型版

- たかはしけいこ・詩　中釜浩一郎・絵　わたし★◎
- 尾上 尚子・詩　小倉 玲子・絵　ぽわぽわん
- 糸永えつこ・詩　高見八重子・絵　はるなつあきふゆもうひとつ★ 児文芸新人賞
- 山口 敦子・詩　高橋 宏幸・絵　ばあばとあそぼう
- あらい・まさはる・童謡　しのはらはれみ・絵　けさいちばんのおはようさん
- 佐藤 雅子・詩　佐藤 太清・絵　こもりうたのように♪ 美しい日本の12ヵ月 日本童謡賞
- 柏木 隆雄・詩　やなせたかし他・絵　かんさつ日記★♡
- マリウス・マルシィンケヴィチウス・詩　ラサ・ヤンチャウスカイテ・絵　きむらあや・訳　ちいさなちいさな

銀の鈴文庫　文庫サイズ・A6判

- 小沢 千恵・詩　下田 昌克・絵　あのこ♡▲

アンソロジー　A5判

- 渡辺 浦人・編　村上 保・絵　赤い鳥 青い鳥♪
- わたげの会・編　渡辺あきお・絵　花ひらく★
- 木曜会・編　西 真里子・絵　いまも星はでている★
- 木曜会・編　西 真里子・絵　いったりきたり♡
- 木曜会・編　西 真里子・絵　宇宙からのメッセージ
- 木曜会・編　西 真里子・絵　地球のキャッチボール★◎
- 木曜会・編　西 真里子・絵　おにぎりとんがった☆★◎
- 木曜会・編　西 真里子・絵　みぃーつけた♡★◎
- 木曜会・編　西 真里子・絵　ドキドキがとまらない
- 木曜会・編　西 真里子・絵　神さまのお通り★
- 木曜会・編　西 真里子・絵　公園の日だまりで★♡
- 木曜会・編　西 真里子・絵　ねこがのびをする♡★

掌の本 アンソロジー　A7判

- こころの詩 I　品切
- しぜんの詩 I
- いのちの詩 I　品切
- ありがとうの詩 I　品切
- 詩集 希望
- 詩集 家族
- いのちの詩集―いきものと野菜
- ことばの詩集―方言と手紙
- 詩集―夢・おめでとう
- 詩集―ふるさと・旅立ち

掌の本　A7判

- 森埜こみち・詩　こんなときは！